AF221738

Impressum
Verlag: BABADADA GmbH, Nedderfeld 112 , 22529 Hamburg
Geschäftsführer / Verlagsleitung: Harald Hof
Druck: Books on Demand GmbH, In de Tarpen 42, 22848 Norderstedt

Imprint
Publisher: BABADADA GmbH, Nedderfeld 112 , 22529 Hamburg, Germany
Managing Director / Publishing direction: Harald Hof
Print: Books on Demand GmbH, In de Tarpen 42, 22848 Norderstedt, Germany

skola

مدرسه

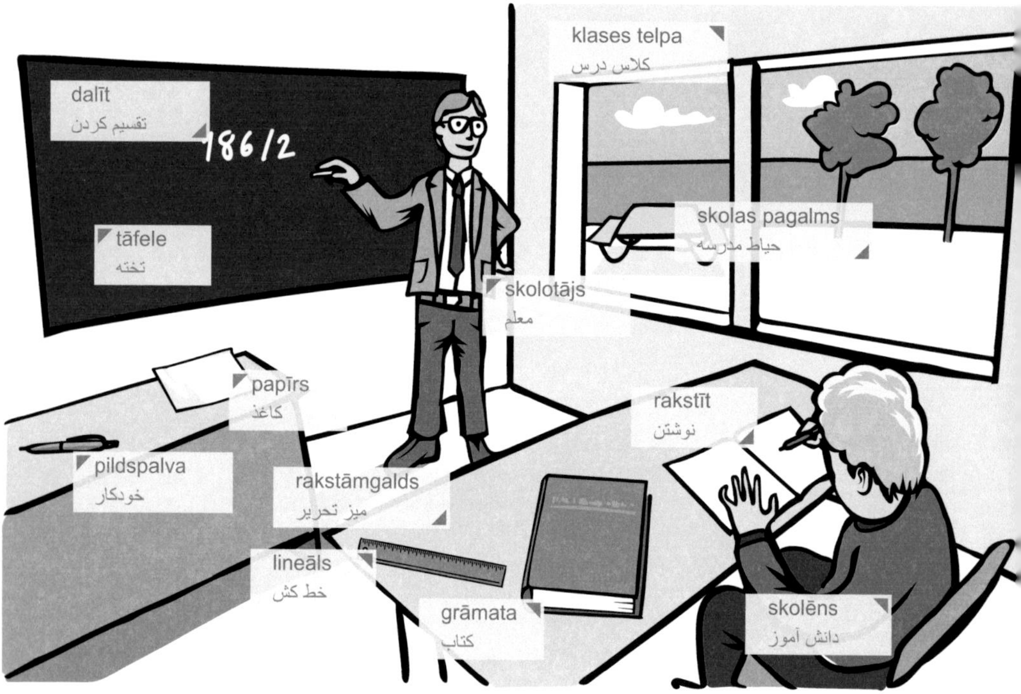

dalīt
تقسیم کردن
186/2
tāfele
تخته
klases telpa
کلاس درس
skolas pagalms
حیاط مدرسه
skolotājs
معلم
papīrs
کاغذ
rakstīt
نوشتن
pildspalva
خودکار
rakstāmgalds
میز تحریر
lineāls
خط کش
grāmata
کتاب
skolēns
دانش آموز

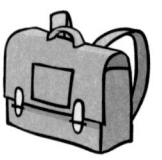

skolas soma

کیف مدرسه

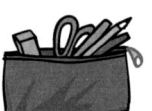

penālis

جامدادی

zīmulis

مداد

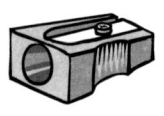

zīmuļu asināmais

تراش

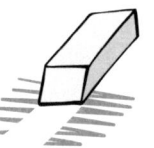

dzēšgumija

پاک کن

zīmēšanas bloks

دفتر رسم

zīmējums

طراحی

ota

قلم مو

krāsas

جعبه ی آبرنگ

šķēres

قیچی

līme

چسب

darba burtnīca

کتاب تمرین

mājas darbs

تکلیف خانه

skaitlis

رقم

saskaitīt

جمع کردن

atņemt

تفریق کردن

reizināt

ضرب کردن

rēķināt

محاسبه کردن

burts

حرف الفبا

alfabēts

الفبا

vārds

کلمه

teksts

متن

lasīt

خواندن

krīts

گچ

māçību stunda

درس

žurnāls

ثبت نام

eksāmens

امتحان

liecība

مدرک رسمی

skolas forma

لباس مدرسه

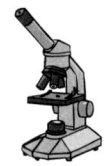

izglītība

تحصیلات

enciklopēdija

دانشنامه

universitāte

دانشگاه

mikroskops

میکروسکوپ

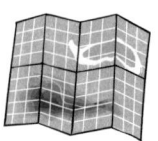

karte

نقشه

papīrgrozs

سبد کاغذ باطله

ceļojums
سفر

viesnīca
هتل
Grand
hostelis
مسافرخانه
ROOMS
EXCHANGE
valūtas maiņas punkts
صرافی
čemodāns
چمدان
automašīna
اتومبیل

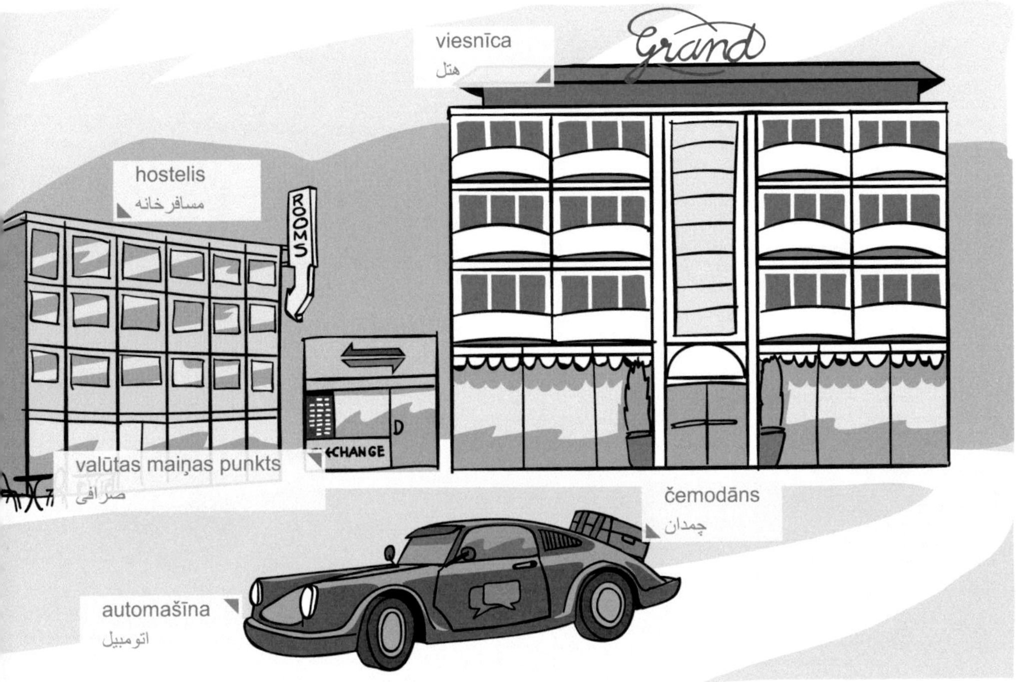

Valoda

زبان

jā / nē

بله / خیر

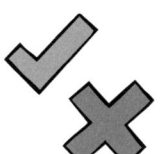

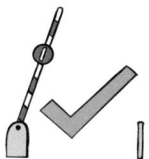

Okay

اکی

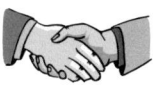

Sveiki!

سلام

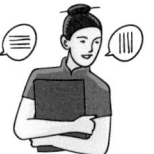

tulks

مترجم

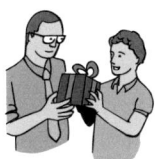

paldies

ممنون

Cik maksā…?

قیمت ... چه قدر است؟

Es nesaprotu

من متوجه نمی شوم

problēma

مشکل

Labvakar!

عصر بخیر! / شب بخیر!

Labrīt!

صبح بخیر!

Ar labu nakti!

شب بخیر!

Uz redzēšanos

خداحافظ

virziens

جهت

bagāža

بار سفر

soma

کیف

mugursoma

کوله پشتی

viesis

مهمان

istaba

اتاق

guļammaiss

کیسه خواب

telts

خیمه

tūrisma informācija

مرکز راهنمای گردشگران

pludmale

ساحل

kredītkarte

کارت اعتباری

brokastis

صبحانه

pusdienas

نهار

vakariņas

شام

biļete

بلیط

lifts

آسانسور

pastmarka

مهر

robeža

مرز

muita

گمرک

vēstniecība

سفارتخانه

vīza

ویزا

pase

گذرنامه

transports
حمل و نقل

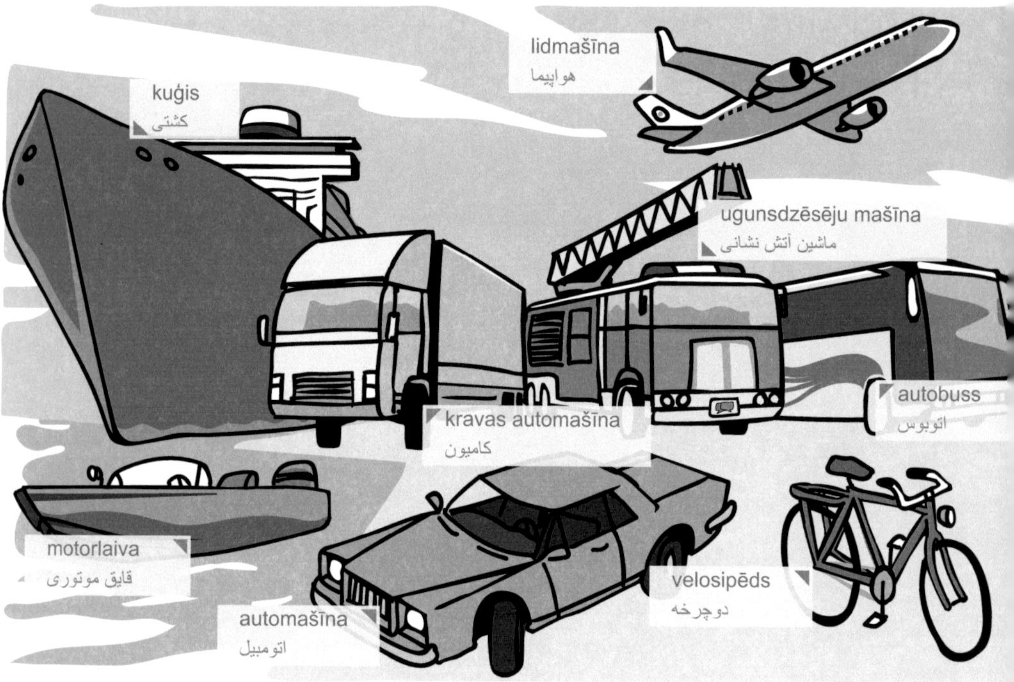

lidmašīna
هواپیما
kuģis
کشتی
ugunsdzēsēju mašīna
ماشین آتش نشانی
kravas automašīna
کامیون
autobuss
اتوبوس
motorlaiva
قایق موتوری
velosipēds
دوچرخه
automašīna
اتومبیل

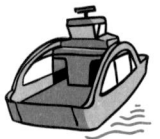

prāmis

کشتی مسافربری

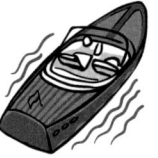

laiva

قایق

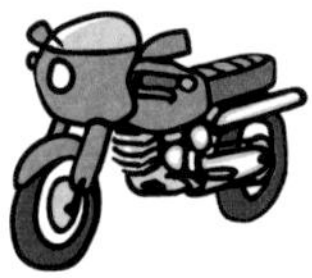

motocikls

موتورسیکلت

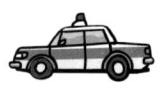

policijas automašīna

ماشین پلیس

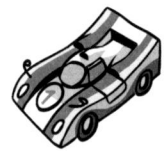

sacīkšu automobilis

ماشین مسابقه

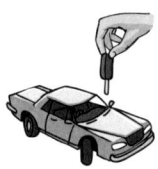

nomas auto

ماشین کرایه ای

auto koplietošana

به اشتراک گذاری اتومبیل

evakuators

جرثقیل

atkritumu mašīna

ماشین حمل زباله

dzinējs

موتور

benzīns

بنزین

degvielas uzpildes stacija

پمپ بنزین

ceļa zīme

تابلو راهنمایی و رانندگی

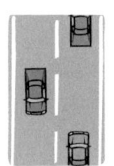

satiksme

عبور و مرور

sastrēgums

ترافیک

stāvvieta

پارکینگ

dzelzceļa stacija

ایستگاه قطار

sliedes

ریل راه آهن

vilciens

قطار

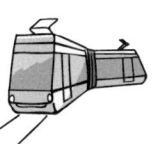

tramvajs

قطار برقی

vagons

واگن

helikopters

هلیکوپتر

lidosta

فرودگاه

tornis

برج

pasažieris

مسافر

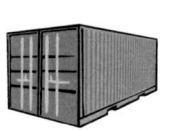

konteiners

کانتینر

kaste

کارتن

ratiņi

گاری

grozs

سبد

pacelties / nosēsties

به پرواز درآمدن / فرود آمدن

pilsēta

شهر

ciems

دهکده

pilsētas centrs

مرکز شهر

māja

خانه

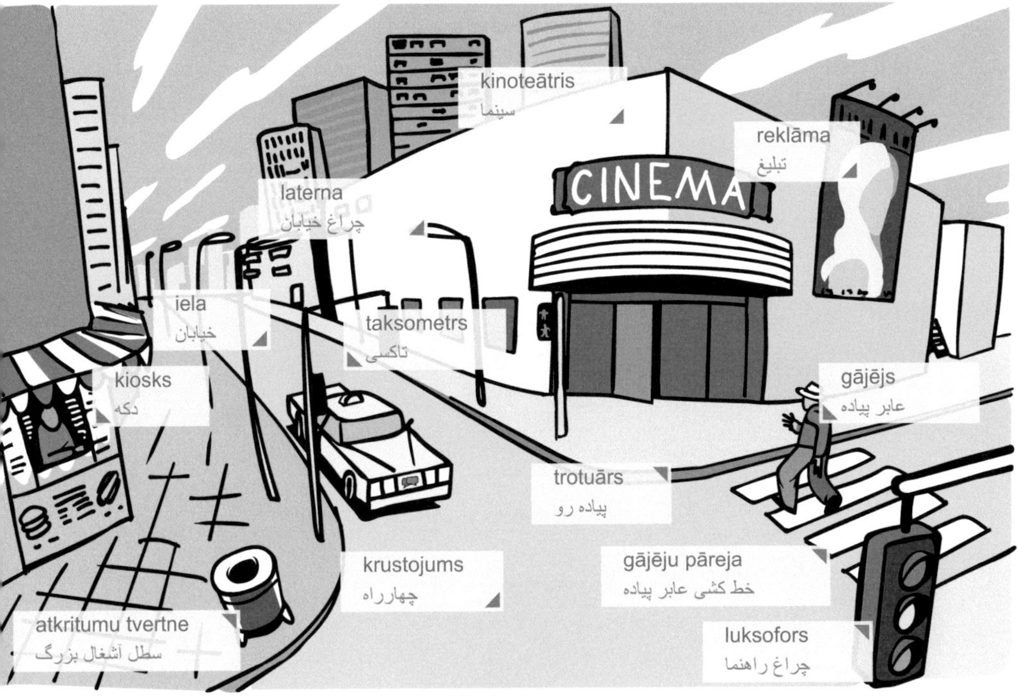

CINEMA
kinoteātris
سینما
reklāma
تبلیغ
laterna
چراغ خیابان
iela
خیابان
taksometrs
تاکسی
kiosks
دکه
gājējs
عابر پیاده
trotuārs
پیاده رو
krustojums
چهارراه
gājēju pāreja
خط کشی عابر پیاده
atkritumu tvertne
سطل آشغال بزرگ
luksofors
چراغ راهنما

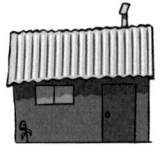

būda

کلبه

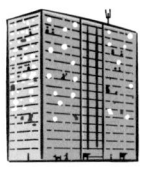

dzīvoklis

آپارتمان

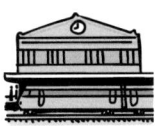

dzelzceļa stacija

ایستگاه قطار

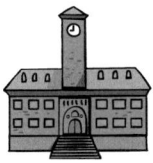

rātsnams

ساختمان شهرداری

MUSEUM

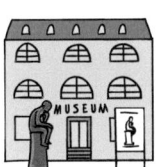

muzejs

موزه

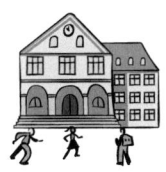

skola

مدرسه

universitāte

دانشگاه

banka

بانک

slimnīca

بیمارستان

viesnīca

هتل

aptieka

داروخانه

birojs

اداره

grāmatnīca

کتابفروشی

veikals

مغازه

ziedu veikals

گل فروشی

lielveikals

سوپرمارکت

tirgus

بازار

tirdzniecības centrs

فروشگاه بزرگ

zivju tirgotājs

ماهی فروش

tirdzniecības centrs

مرکز خرید

osta

بندر

parks

پارک

sols

نیمکت

tilts

پل

kāpnes

پله

metro

مترو

tunelis

تونل

autobusa pieturvieta

ایستگاه اتوبوس

bārs

میخانه

restorāns

رستوران

pastkastīte

صندوق پست

ielas nosaukuma plāksne

تابلوی خیابان

stāvlaika skaitītājs

دستگاه پارکومتر

zooloģiskais dārzs

باغ وحش

peldbaseins

استخر شنای عمومی

mošeja

مسجد

zemnieku saimniecība

مزرعه

vides piesārņojums

آلودگی محیط زیست

kapsēta

قبرستان

baznīca

کلیسا

spēļu laukums

زمین بازی

templis

معبد

ainava

چشم انداز

lapa
برگ

ceļrādis
تابلوی راهنمای مسیر

ceļš
راه

pļava
چمنزار

akmens
سنگ

ceļotājs
راه نورد

koks
درخت

upe
رودخانه

zāle
چمن

puķe
گل

ieleja

دره

kalns

تپه

ezers

دریاچه

mežs

جنگل

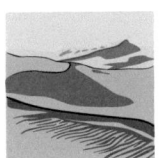
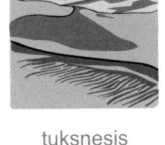

tuksnesis

بیابان

vulkāns

کوه آتشفشان

pils

قلعه

varavīksne

رنگین کمان

sēne

قارچ

palma

درخت نخل

moskīts

پشه

muša

مگس

skudra

مورچه

bite

زنبور

zirneklis

عنکبوت

vabole

سوسک

varde

قورباغه

vāvere

سنجاب

ezis

جوجه تیغی

zaķis

خرگوش صحرایی

pūce

جغد

putns

پرنده

gulbis

قو

meža cūka

گراز

briedis

گوزن نر

alnis

گوزن شمالی

aizsprosts

سد آب

vēja ģenerators

توربین بادی

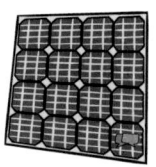

saules baterija

صفحه ی خورشیدی

klimats

آب و هوا

restorāns

رستوران

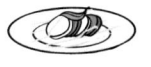

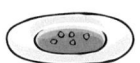

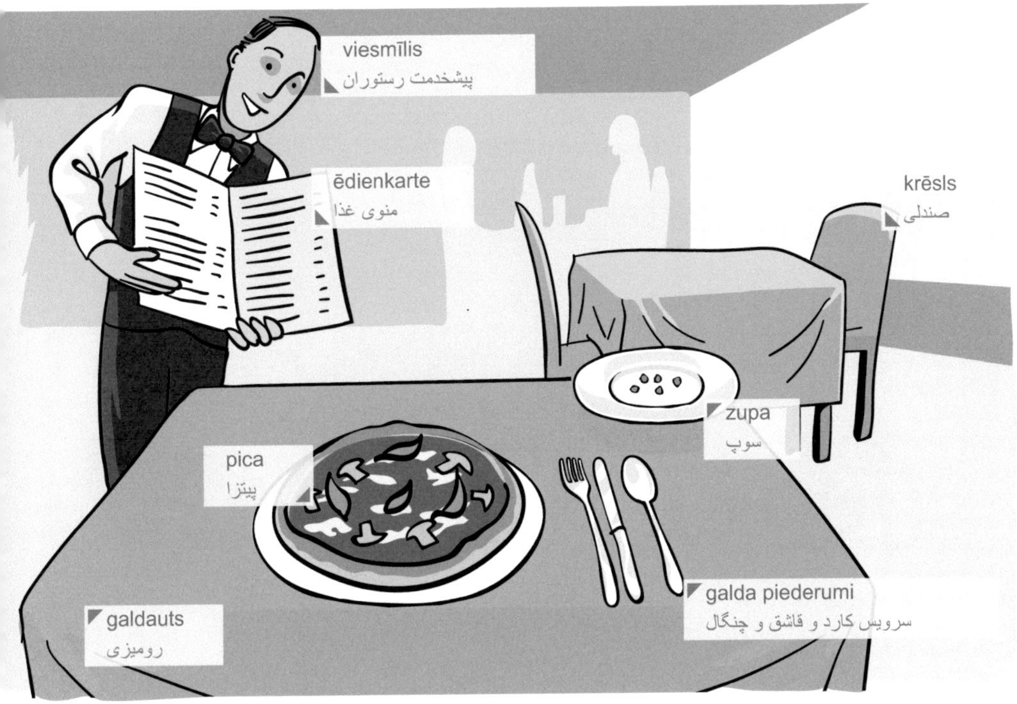

viesmīlis
پیشخدمت رستوران
ēdienkarte
منوی غذا
krēsls
صندلی
zupa
سوپ
pica
پیتزا
galda piederumi
سرویس کارد و قاشق و چنگال
galdauts
رومیزی

uzkoda
پیش‌غذا

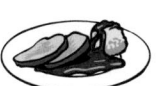

pamatēdiens
غذای اصلی

deserts
دسر

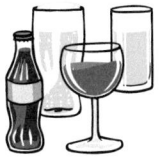

dzērieni
نوشیدنی ها

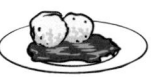

ēdiens
غذا

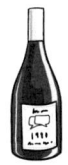

pudele
بطری

ātrās uzkodas

فست فود

ielu uzkodas

اغذیه خیابانی

tējkanna

قوری

cukurtrauks

قندان

porcija

پُرس غذا

espresso kafijas automāts

دستگاه اسپرسو

bāra krēsls

صندلی پایه بلند غذاخوری بچه

rēķins

صورتحساب

paplāte

سینی

nazis

چاقو

dakša

چنگال

karote

قاشق

tējkarote

قاشق چایخوری

salvete

دستمال سفره

glāze

لیوان

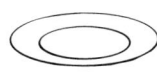

šķīvis

بشقاب

zupas šķīvis

بشقاب سوپخوری

apakštase

نعلبکی

mērce

سس

sāls trauciņš

نمکدان

piparu dzirnaviņas

فلفل ساب

etiķis

سرکه

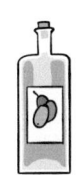

eļļa

روغن خوراکی

garšvielas

ادویه جات

kečups

سس کچاپ

sinepes

سس خردل

majonēze

سس مایونز

lielveikals

سوپرمارکت

piedāvājums
پیشنهاد ویژه
FOR
klients
مشتری
piena produkti
لبنیات
augļi
میوه جات
iepirkumu ratiņi
چرخ دستی خرید

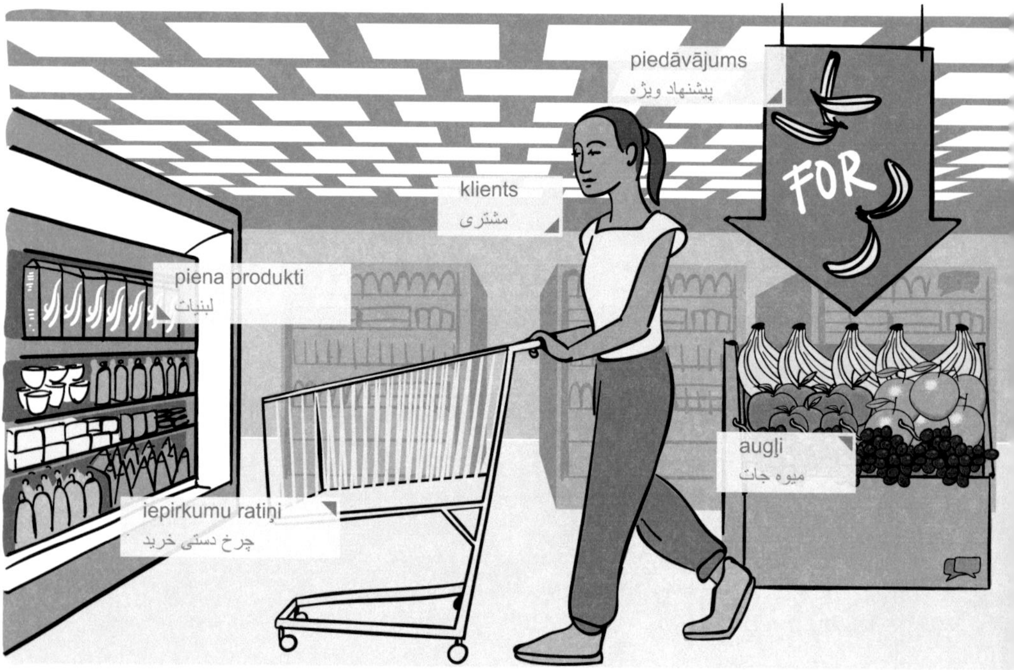

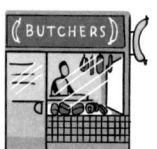

BUTCHERS

kautuve

قصابی

BAKERY

maizes veikals

نانوایی

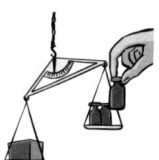

svērt

وزن کردن

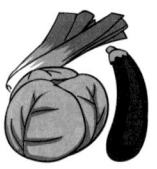

dārzeņi

سبزیجات

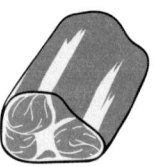

gaļa

گوشت

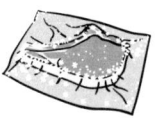

saldēti produkti

غذای منجمد

aukstās gaļas uzkodas

مخلوطی از انواع کالباس یا پنیر که ورقه ای بریده شده باشند

konservi

غذای کنسروی

pulveris

پودر لباسشویی

saldumi

شیرینی جات

mājsaimniecības preces

لوازم خانگی

tīrīšanas līdzeklis

ماده شوینده و پاک کننده

pārdevēja

فروشنده

kase

صندوق پرداخت

kasieris

صندوقدار

iepirkumu saraksts

لیست خرید

darba laiks

ساعات کار

maks

کیف پول

kredītkarte

کارت اعتباری

soma

کیف

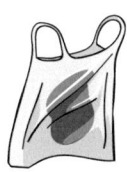

maisiņš

کیسه ی پلاستیکی

ūdens

آب

sula

آبمیوه

piens

شیر

kola

نوشابه کوکاکولا

vīns

شراب

alus

آبجو

alkohols

الکل

kakao

کاکائو

tēja

چای

kafija

قهوه

espresso

قهوه اسپرسو

kapučīno

کاپوچینو

banāns

موز

ābols

سيب

apelsīns

پرتقال

melone

انواع هندوانه و خربزه

citrons

ليمو

burkāns

هويج

ķiploks

سير

bambuss

نى بامبو

sīpols

پياز

sēne

قارچ

rieksti

أجيل

makaroni

ماكارونى

spageti

اسپاگتی

rīsi

برنج

salāti

سالاد

frī kartupeļi

سیب زمینی سرخ کرده

cepti kartupeļi

سیب زمینی سرخ شده

pica

پیتزا

hamburgers

همبرگر

sviestmaize

ساندویچ

šnicele

شنیتسل

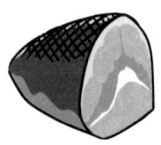

šķiņķis

ژامبون خوک

salami

سالامی

desa

سوسیس

vista

مرغ

cepetis

نوعی گوشت سرخ شده

zivs

ماهی

auzu pārslas

جوی پرک شده

muslis

نوعی صبحانه مخلوطی از برگه ذرت و
میوه های خشک شده و خشکبار که
معمولا با شیر خورده می شود

brokastu pārslas

کورنفلکس

milti

أرد

radziņš

کرواسان

brokastu maizītes

نان بروتشن

maize

نان

tostermaize

نان تست

cepumi

بیسکویت

sviests

کره

biezpiens

کشک

kūka

کیک

ola

تخم مرغ

cepta ola

تخم مرغ نیمرو

siers

پنیر

saldējums

بستنی

cukurs

شکر

medus

عسل

marmelāde

مربا

riekstu krēms

کرم شکلاتی بادامی

karijs

ادویه کاری

zemnieku saimniecība

مزرعه

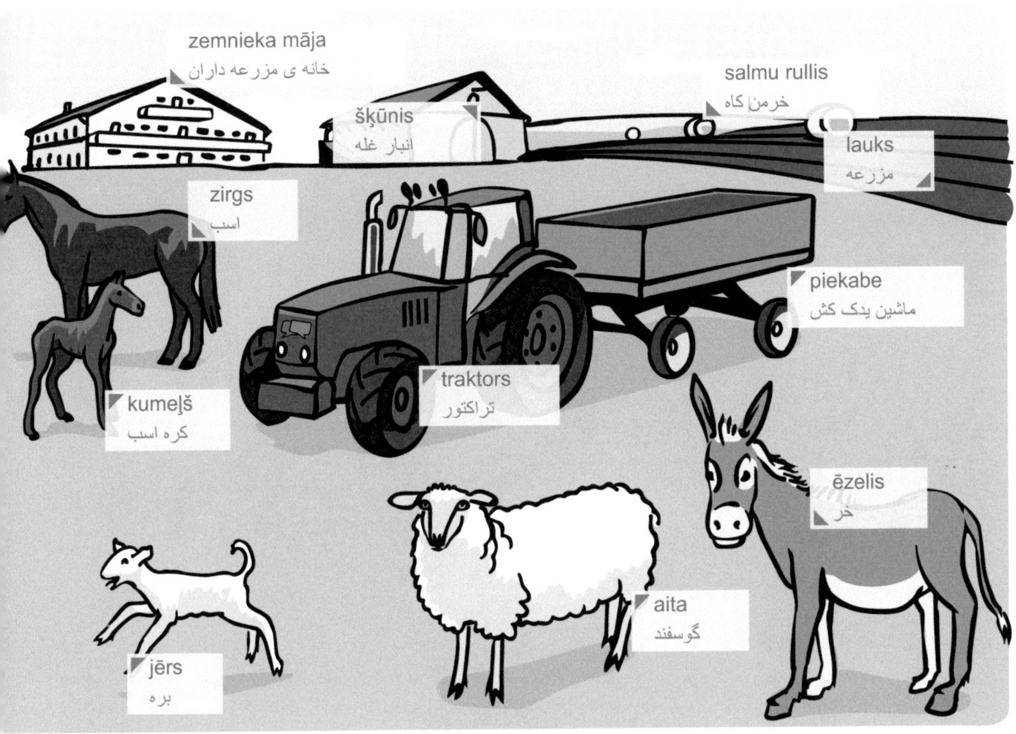
zemnieka māja
خانه ی مزرعه داران
salmu rullis
خرمن گاه
šķūnis
انبار غله
lauks
مزرعه
zirgs
اسب
piekabe
ماشین یدک کش
traktors
تراکتور
kumeļš
کره اسب
ēzelis
خر
aita
گوسفند
jērs
بره

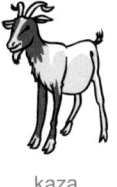

kaza

بز

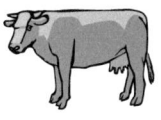

govs

گاو ماده

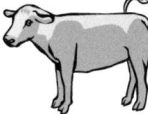

teļš

گوساله

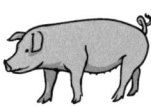

cūka

خوک

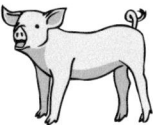

sivēns

بچه خوک

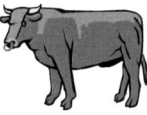

bullis

گاو نر

zoss

غاز

pīle

اردک

cālis

جوجه

vista

مرغ

gailis

خروس

žurka

موش صحرایی

kaķis

گربه

pele

موش

vērsis

گاو نر اخته

suns

سگ

suņa būda

لانه ی سگ

dārza šļūtene

شلنگ باغبانی

lejkanna

آبپاش

izkapts

داس دسته بلند

arkls

گاوآهن

sirpis

داس

kaplis

کج بیل

mēslu dakša

چنگک باغبانى

cirvis

تبر

ķerra

فرقون

sile

ابشخور

piena kanna

بطرى نگهدارى شیر

maiss

کیسه

žogs

حصار

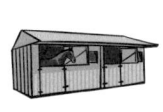

kūts

اصطبل

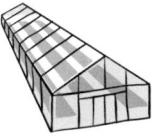

siltumnīca

گلخانه

augsne

خاک

sēklas

بذر

mēslojums

کود

kombains

ماشین کمباین

novākt ražu

برداشت کردن محصول

raža

محصول

jamss

تمیس

kvieši

گندم

soja

سویا

kartupelis

سیب زمینی

kukurūza

ذرت

rapsis

کلزا

augļu koks

درخت میوه

manioka

گیاه مانیوک

labība

غلات

māja
خانه

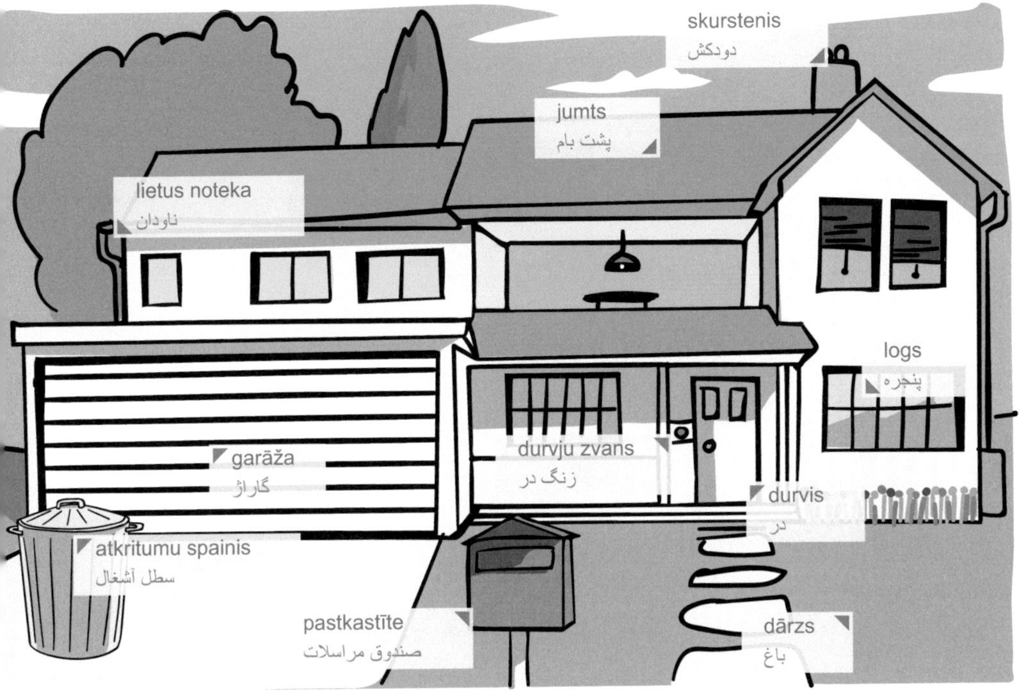

skurstenis
دودکش
jumts
پشت بام
lietus noteka
ناودان
logs
پنجره
garāža
گاراژ
durvju zvans
زنگ در
durvis
در
atkritumu spainis
سطل آشغال
pastkastīte
صندوق مراسلات
dārzs
باغ

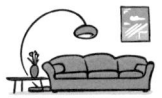

viesistaba

اتاق نشیمن

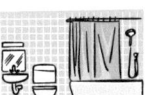

vannas istaba

حمام

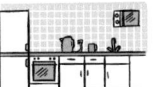

virtuve

آشپزخانه

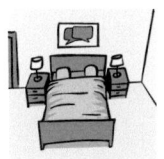

guļamistaba

اتاق خواب

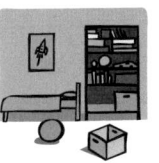

bērnu istaba

اتاق بچه

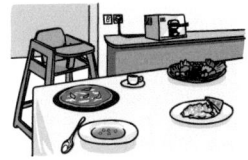

ēdamistaba

ناهارخوری

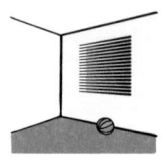

grīda

کف زمین

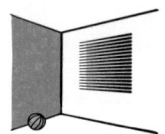

siena

دیوار

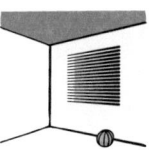

griesti

سقف

pagrabs

زیرزمین

sauna

سونا

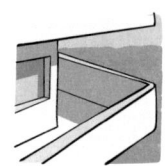

balkons

بالکن

terase

تراس

baseins

استخر

zāles pļāvējs

ماشین چمنزنی

gultas veļa

ملافه

sega

روتختی

gulta

تخت خواب

slota

جارو

spainis

سطل

slēdzis

سویچ یا کلید

viesistaba

اتاق نشیمن

tapetes
کاغذ دیواری
attēls
عکس
lampa
لامپ
plaukts
قفسه
skapis
کابینت
televizors
تلویزیون
kamīns
شومینه
puķe
گل
spilvens
کوسن
dīvāns
کاناپه
vāze
گلدان
tālvadības pults
کنترل تلویزیون و ویدئو و غیره

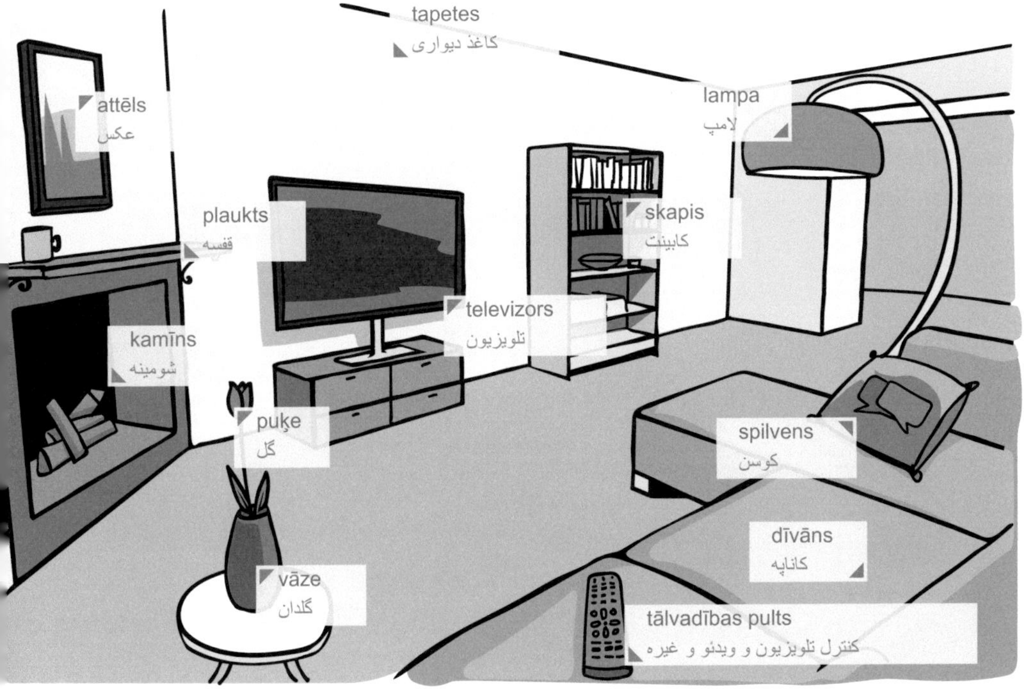

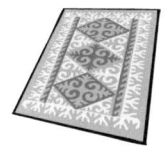

paklājs

فرش

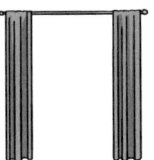

aizkars

پرده

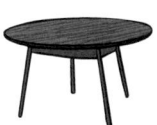

galds

میز

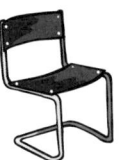

krēsls

صندلی

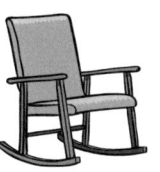

šūpuļkrēsls

صندلی گهواره ایی

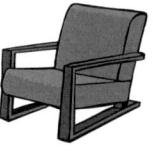

atpūtas krēsls

صندلی راحتی

grāmata

كتاب

sega

لحاف

dekorācija

دكوراسيون

malka

هيزم

filma

فيلم

mūzikas centrs

دستگاه ضبط صوت

atslēga

كليد

avīze

روزنامه

glezna

تابلو نقاشی

plakāts

پوستر

radio

راديو

pierakstu blociņš

دفترچه يادداشت

putekļu sūcējs

جاروبرقی

kaktuss

كاكتوس

svece

شمع

virtuve
آشپزخانه

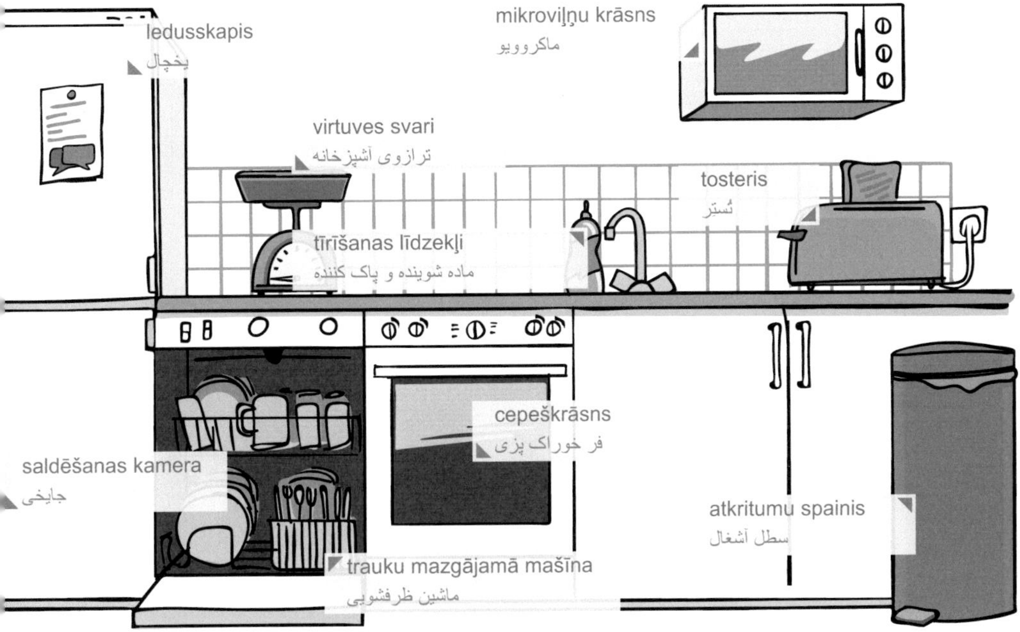
ledusskapis
یخچال
mikroviļņu krāsns
ماکروویو
virtuves svari
ترازوی آشپزخانه
tosteris
تُستِر
tīrīšanas līdzekļi
ماده شوینده و پاک کننده
cepeškrāsns
فر خوراک پزی
saldēšanas kamera
جایخی
atkritumu spainis
سطل آشغال
trauku mazgājamā mašīna
ماشین ظرفشویی

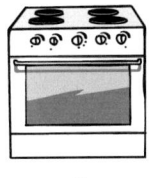

plīts

اجاق گاز

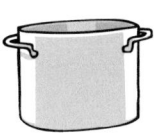

pods

قابلمه

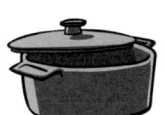

katls

قابلمه چدنی

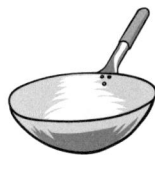

Wok panna

ماهی تابه گود

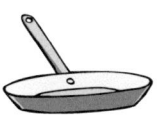

panna

ماهی تابه

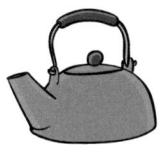

elektriskā tējkanna

کتری

tvaika katls

بخاریز

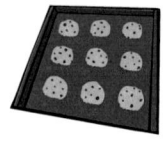

cepešpanna

سینی فر

trauki

ظرف چینی آشپزخانه

krūze

لیوان

bļoda

کاسه

irbulīši

چاپستیک

kauss

ملاقه

lāpstiņa

کفگیر

putošanas slotiņa

همزن

sietiņš

آبکش

siets

آبکش

rīve

رنده

piesta

هاون

grilēt

باربیکیو

atklāts pavards

محل مخصوص افروختن آتش

dēlis

تخته گوشت و سبزی

mīklas rullis

وردنه

korķu viļķis

در بطری بازکن

bundža

قوطی

konservu nazis

در قوطی بازکن

virtuves cimdi

دستگیره پارچه ای

izlietne

سینک ظرفشویی

birste

برس گردگیری

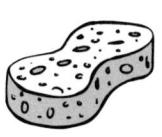

sūklis

اسفنج

mikseris

مخلوط کن

saldētava

فریزر

bērna pudelīte

شیشه شیر بچه

ūdenskrāns

شیر آب

vannas istaba

حمام

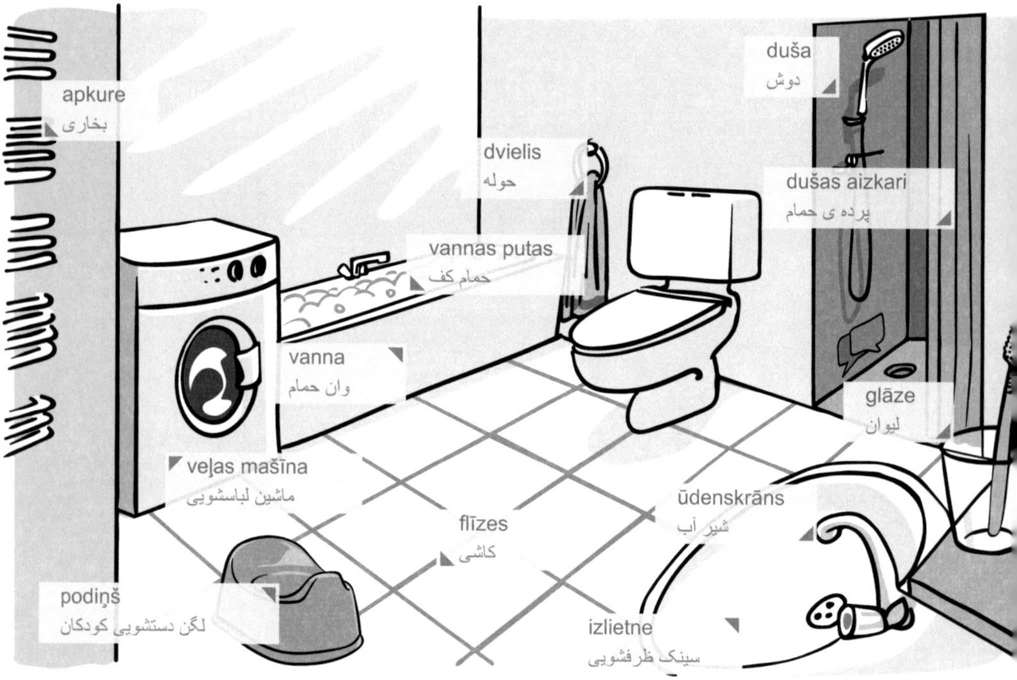
apkure
بخاری
duša
دوش
dvielis
حوله
dušas aizkari
پرده ی حمام
vannas putas
کف حمام
vanna
وان حمام
veļas mašīna
ماشین لباسشویی
glāze
لیوان
ūdenskrāns
شیر آب
flīzes
کاشی
podiņš
لگن دستشویی کودکان
izlietne
سینک ظرفشویی

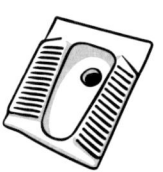

tualetes pods

توالت

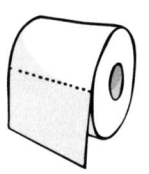

Āzijas tipa tualete

توالت ایرانی

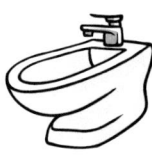

bidē

کاسه توالت

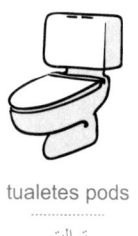

pisuārs

توالت مخصوص آقایان

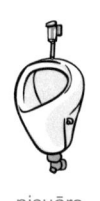

tualetes papīs

دستمال توالت

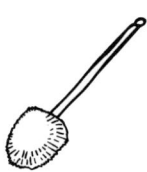

tualetes birste

فرچه توالت

zobu birste

مسواک

zobu pasta

خمیردندان

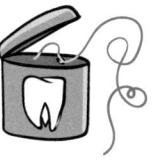

zobu diegs

نخ دندان

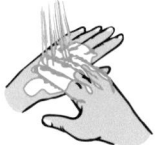

mazgāt

شستن

rokas duša

دوش آب تلفنی

duša

شلنگ توالت

bļoda

لگن روشویی

muguras mazgāšanas birste

برس شست و شوی پشت

ziepes

صابون

dušas želeja

شامپو بدن

šampūns

شامپو

mazgāšanas drāna

لیف حمام

noteka

راه آب

krēms

کرم

dezodorants

اسپری دئودورانت

spogulis

آیینه

spogulītis

آیینه ی کوچک دستی

skuveklis

تیغ ریش تراشی

skūšanās putas

کف ریش تراشی

losjons pēc skūšanās

افترشیو

ķemme

شانه ی سر

matu suka

برس

matu fēns

سشوار

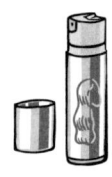

matu laka

اسپری مو

grima komplekts

آرایش

lūpu krāsa

رژلب

nagulaka

لاک ناخن

vate

پنبه

šķērītes

قیچی ناخن

smaržas

عطر

kosmētikas maks

کیف لوازم آرایشی و بهداشتی

ķeblītis

چهارپایه

svari

ترازو

halāts

حوله ی پلنتویی

tīrīšanas cimdi

دستکش ظرفشویی

tampons

تامپون

pakete

نوار بهداشتی

ķīmiskā tualete

توالت سیار

bērnu istaba
اتاق بچه

modinātājs
ساعت زنگدار
mīkstā rotaļlieta
نوعی عروسک نرم به شکل حیوانات
spēļu automašīna
ماشین اسباب بازی
grabulis
جغجغه
leļļu māja
خانه ی عروسکی
dāvana
کادو

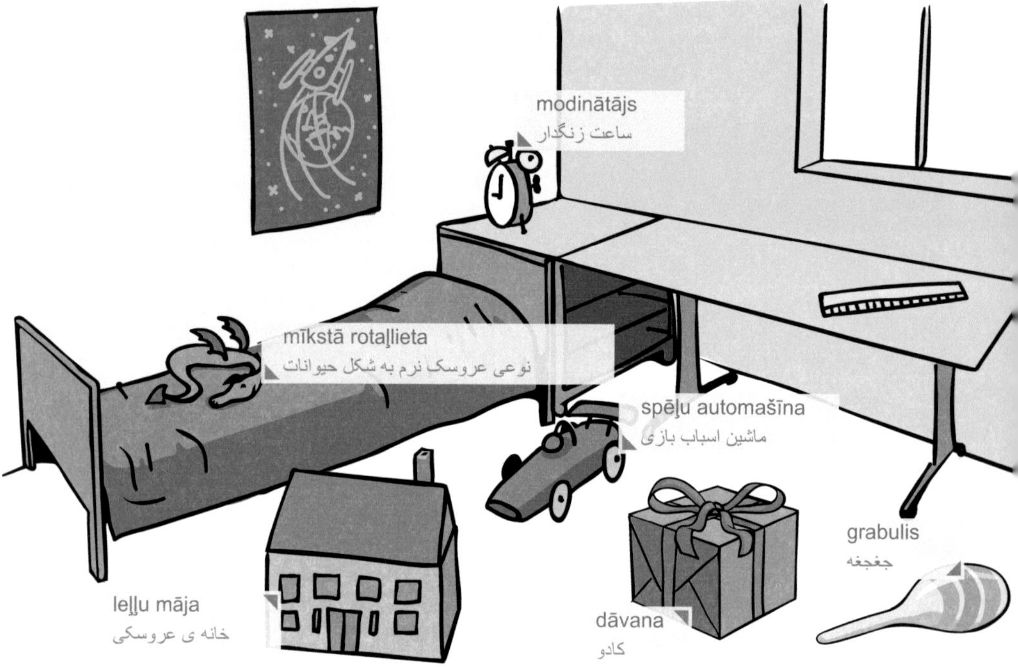

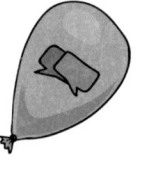

balons
بادکنک

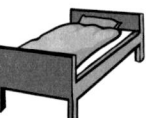

gulta
تخت خواب

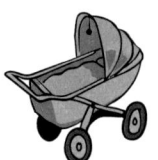

bērnu ratiņi
کالسکه بچه

kārtis
بازی ورق

puzle
پازل

SUPER
MEGA

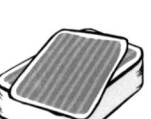

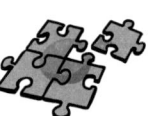

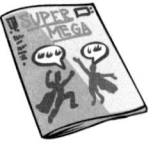

komikss
داستان مصور

LEGO klucīši

اسباب بازی لگو

klucīši

خانه سازی

varoņu figūra

عروسک شخصیت های فیلم و کارتون

rāpulītis

لباس نوزاد

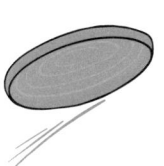

lidojošais šķīvītis

فریزبی

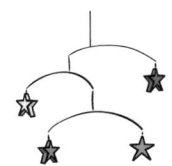

muzikālais karuselis

نوعی اسباب بازی که روی تخت نوزاد
یا کودک نصب می شود

galda spēle

بازی روی صفحه

metamais kauliņš

تاس

rotaļu dzelzceļš

قطار اسباب بازی

māneklis

پستانک

ballīte

مهمانی

bilžu grāmata

کتاب مصور

bumba

توپ

lelle

عروسک

spēlēt

بازی کردن

smilšu kaste

جعبه شنی مخصوص بازی کودکان

šūpoles

تاب

rotaļlietas

اسباب بازی

spēļu konsole

کنسول بازی های کامپیوتری

trīsritenis

سه چرخه

plīša lācītis

خرس عروسکی

drēbju skapis

کمد لباس

apġērbs

لباس

īszeķes

جوراب

zeķes

جوراب زنانه ساق بلند

zeķbikses

جوراب شلواری

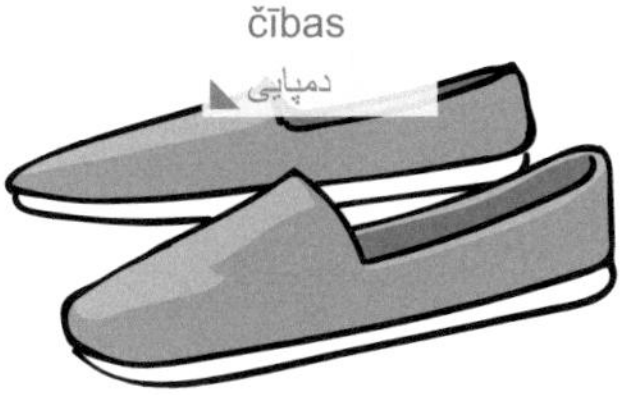

šalle
شال

lietussargs
چتر

T-krekls
تی شرت

siksna
کمربند

zābaks
پوتین

čības
دمپایی

botas
کفش ورزشی کتانی

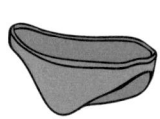

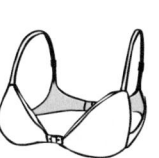

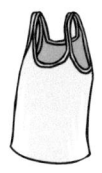

sandales

صندل

kurpes

کفش

gumijas zābaki

چکمه پلاستیکی

apakšbikses

شرت

krūšturis

سوتین

apakškrekls

جلیقه

bodijs

بادى

bikses

شلوار

džinsi

جين

svārki

دامن

blūze

بلوز

krekls

پيراهن

pulovers

پوليور

džemperis

سويى شرتَ

žakete

نوعى كت

jaka

ژاكت

mētelis

كت بلند

lietus mētelis

بارانى

kostīms

لباس نمايش

kleita

لباس

kāzu kleita

لباس عروس

uzvalks

کت و شلوار

naktskrekls

لباس خواب زنانه

pidžama

پیژامه

sari

ساری

lakats

روسری

turbāns

عمامه

burka

برقع

kaftāns

قبا

abaja

عبا

peldkostīms

لباس شنا

peldbikses

شرت شنا

šorti

شلوارک

treniņtērps

لباس ورزشی

priekšauts

پیشبند

cimdi

دستکش

poga

دكمه

brilles

عینک

rokassprādze

دستبند

kaklarota

گردنبند

gredzens

انگشتر

auskars

گوشواره

cepure

کلاه لبه دار

drēbju pakaramais

چوب لباسی

platmale

کلاه

kaklasaite

کراوات

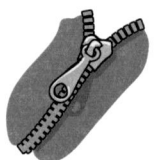

rāvējslēdzējs

زیپ

ķivere

کلاه ایمنی

bikšturi

بند شلوار

skolas forma

لباس مدرسه

uniforma

لباس فرم

priekšautiņš

پیش بند بچه

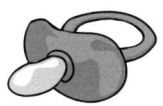

māneklis

پستانک

autiņbiksītes

پوشک بچه

birojs

اداره

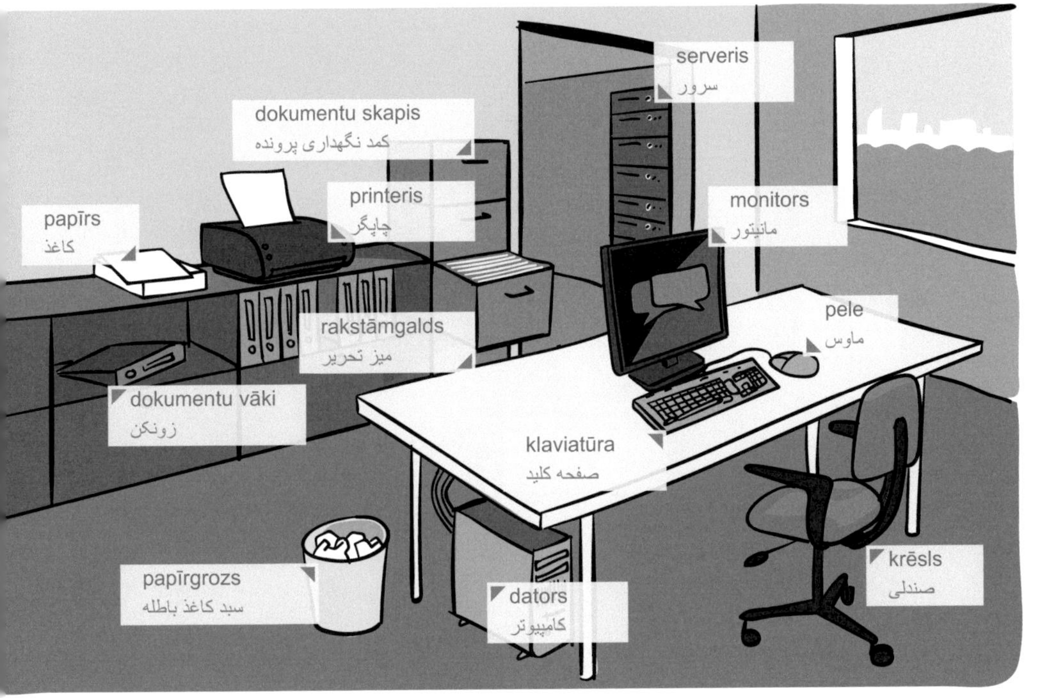

papīrs
کاغذ

dokumentu skapis
کمد نگهداری پرونده

printeris
چاپگر

serveris
سرور

monitors
مانیتور

pele
ماوس

rakstāmgalds
میز تحریر

dokumentu vāki
زونکن

klaviatūra
صفحه کلید

papīrgrozs
سبد کاغذ باطله

dators
کامپیوتر

krēsls
صندلی

kafijas krūze

لیوان قهوه

kalkulators

ماشین حساب

internets

اینترنت

portatīvais dators

لپ تاپ

vēstule

نامه

ziņa

پیغام

mobilais tālrunis

تلفن همراه

tīkls

شبکه ی ارتباطی

kopētājs

دستگاه فتوکپی

programmatūra

نرم افزار

telefons

تلفن

rozete

پریز

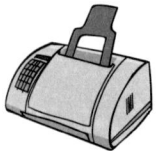

faksa aparāts

دستگاه فاکس

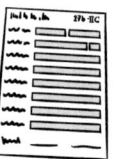

formulārs

فرم

dokuments

مدرک

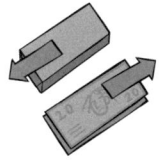

pirkt

خریدن

samaksāt

پرداخت کردن

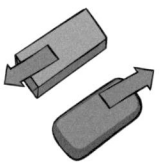

tirgot

تجارت کردن

nauda

پول

dolārs

دلار

eiro

یورو

jēna

ین

rublis

روبل

franks

فرانک سوئیس

juaņa renminbi

یوان رنمینبی

rūpija

روپیه

bankomāts

دستگاه خودپرداز

valūtas maiņas punkts

صرافی

zelts

طلا

sudrabs

نقره

nafta

نفت

enerģija

انرژی

cena

قیمت

līgums

قرارداد

nodoklis

مالیات

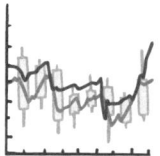

akcija

سهام سرمایه

strādāt

کار کردن

darbinieks

کارمند

darba devējs

کارفرما

fabrika

کارخانه

veikals

مغازه

ekonomika - اقتصاد

profesijas
مشاغل

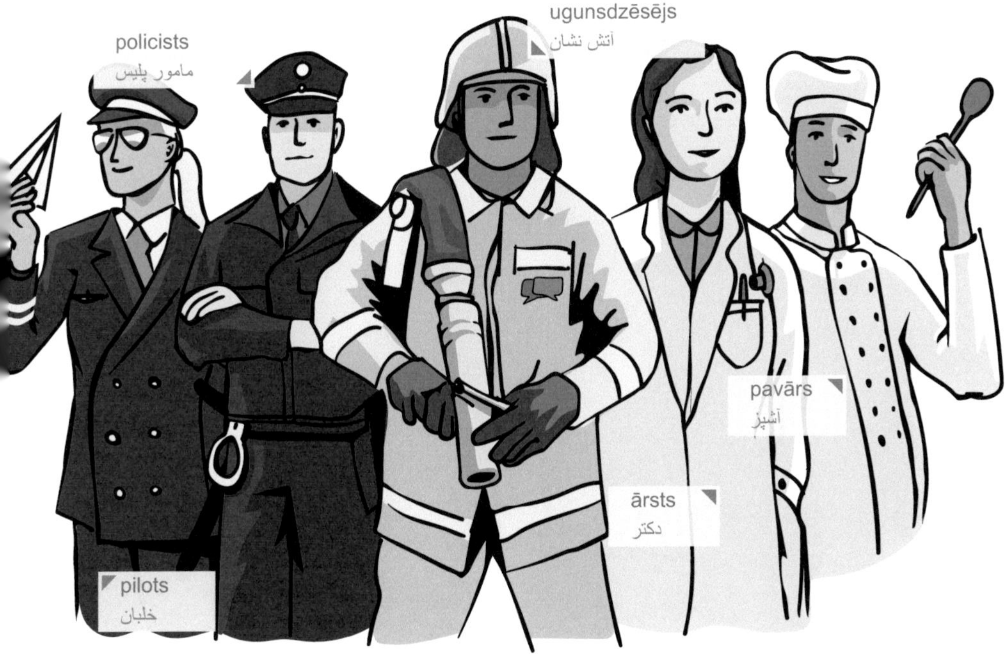
ugunsdzēsējs
آتش نشان
policists
مامور پلیس
pavārs
آشپز
ārsts
دکتر
pilots
خلبان

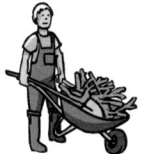

dārznieks

باغبان

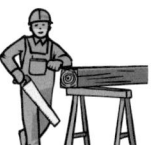

galdnieks

نجار

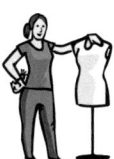

šuvēja

خیاط زنانه

tiesnesis

قاضی

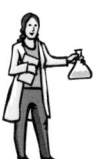

ķīmiķis

شیمیدان

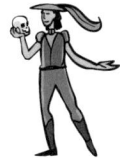

aktieris

بازیگر

autobusa vadītājs

راننده اتوبوس

taksometra vadītājs

راننده تاکسی

zvejnieks

ماهیگیر

apkopēja

نظافتچی زن

jumiķis

سقف ساز

viesmīlis

پیشخدمت رستوران

mednieks

شکارچی

gleznotājs

نقاش

maiznieks

نانوا

elektriķis

برقکار

celtnieks

کارگر ساختمانی

inženieris

مهندس

miesnieks

قصاب

skārdnieks

لوله کش

pastnieks

پستچی

karavīrs

سرباز

arhitekts

معمار

kasieris

صندوقدار

florists

گل فروش

frizieris

آرایشگر

konduktors

مأمور کنترل بلیط در قطار

mehāniķis

مکانیک

kapteinis

ناخدا

zobārsts

دندانپزشک

zinātnieks

دانشمند

rabīns

عالم یهودی

imāms

امام

mūks

راهب

mācītājs

کشیش

instrumenti

ابزارآلات

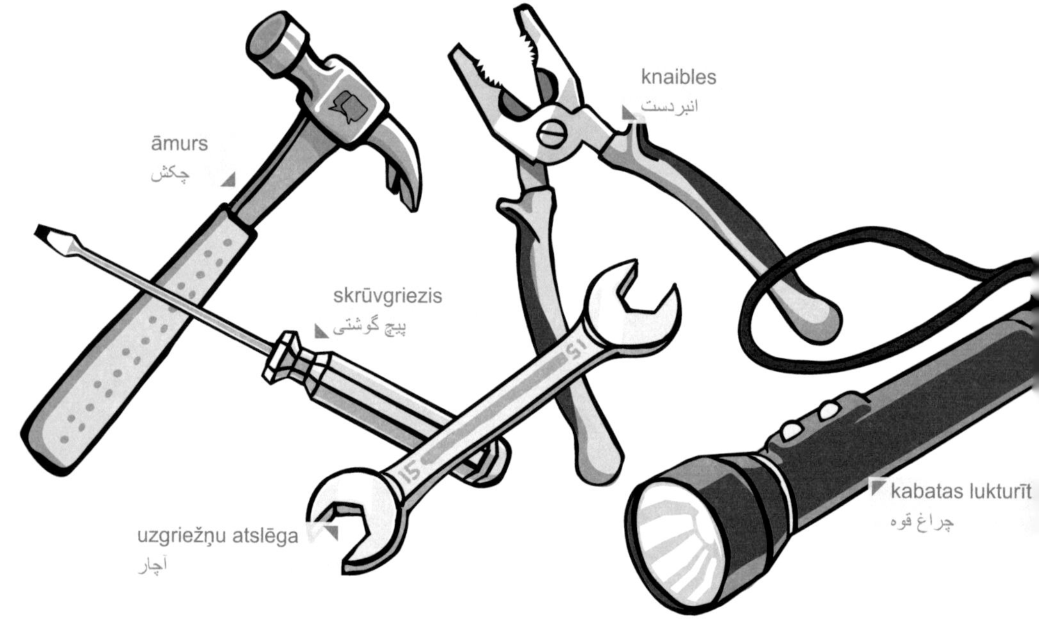
knaibles
انبردست
āmurs
چکش
skrūvgriezis
پیچ گوشتی
kabatas lukturīt
چراغ قوه
uzgriežņu atslēga
آچار

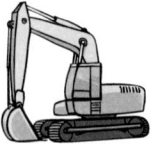

ekskavators
بیل مکانیکی

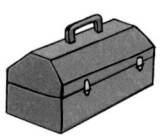

instrumentu kaste
جعبه ابزار

kāpnes
نردبان

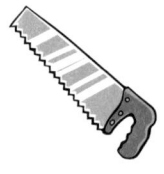

zāģis
ارّه

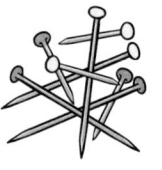

naglas
میخ

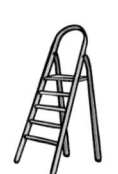

urbis
مته

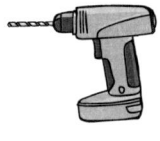

remontēt

تعمیر کردن

lāpsta

بیل

Velns!

لعنتی!

liekšķere

خاک انداز

krāsas bundža

سطل رنگرزی

skrūves

پیچ

mūzikas instrumenti

آلات موسیقی

skaļrunis

بلندگو

bungas

درامز

ġitāra

گیتار

kontrabass

کنترباس

trompete

ترومپت

klavieres

پیانو

vijole

ویولن

bass

گیتار بیس

timpāni

تیمپانی

bungas

طبل

digitālās klavieres

کیبورد الکتریک

saksofons

ساکسیفون

flauta

فلوت

mikrofons

میکروفون

zooloģiskais dārzs
باغ وحش

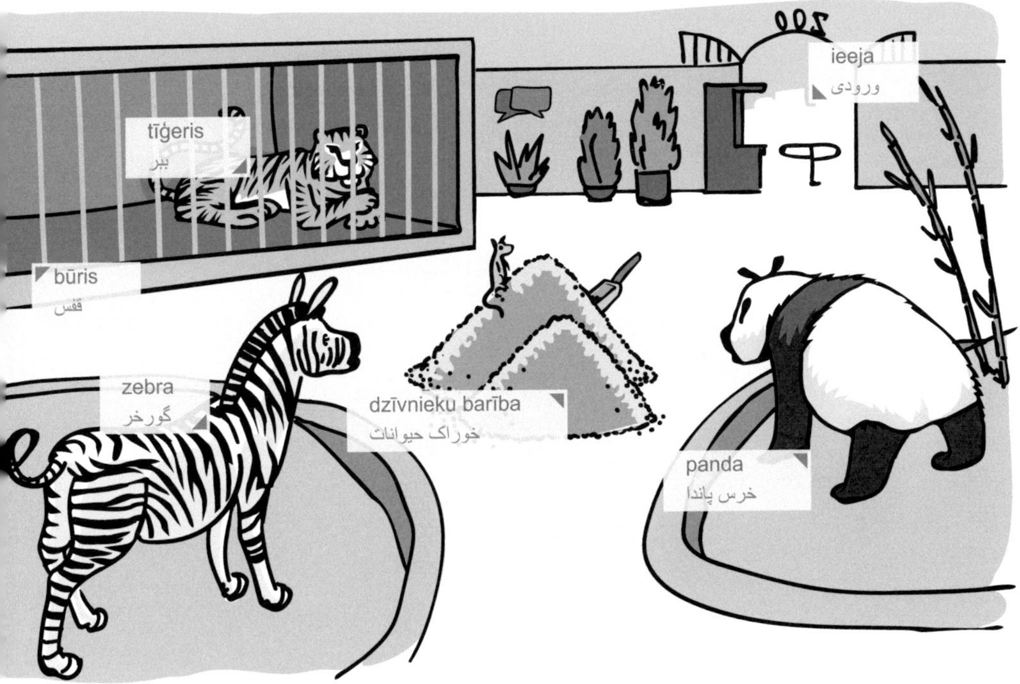

ieeja
ورودی
tīģeris
ببر
būris
قفس
zebra
گورخر
dzīvnieku barība
خوراک حیوانات
panda
خرس پاندا

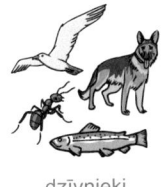

dzīvnieki

حیوانات

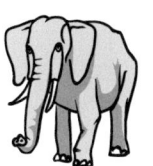

zilonis

فیل

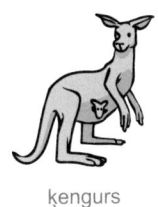

ķengurs

کانگورو

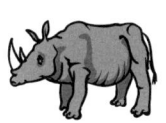

degunradzis

کرگدن

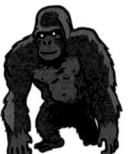

gorilla

گوریل

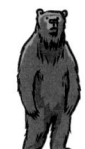

lācis

خرس

kamielis

شتر

strauss

شترمرغ

lauva

شیر

pērtiķis

میمون

flamings

فلامینگو

papagailis

طوطی

polārlācis

خرس قطبی

pingvīns

پنگوئن

haizivs

کوسه

pāvs

طاووس

čūska

مار

krokodils

تمساح

zoodārza sargs

نگهبان باغ وحش

ronis

خوک آبی

jaguārs

پلنگ امریکایی

ponijs

اسب کوچک

leopards

پلنگ

nīlzirgs

اسب آبی

žirafe

زرافه

ērglis

عقاب

meža cūka

گراز

zivs

ماهی

bruņurupucis

لاک پشت

valzirgs

شیرماهی

lapsa

روباه

gazele

غزال

amerikāņu futbols
فوتبال آمریکایی

riteņbraukšana
دوچرخه سواری

teniss
تنیس

basketbols
بسکتبال

peldēšana
شنا

bokss
بوکس

hokejs
هاکی روی یخ

futbols

فوتبال

badmintons

بدمینتون

vieglatlētika

دوومیدانی

rokas bumba

هندبال

slēpošana

اسکی

polo

پولو

darbības
فعالیت ها

smieties
خندیدن
lēkt
پریدن
apskaut
بغل کردن
iet
راه رفتن
dziedāt
آواز خواندن
sapņot
رؤیا دیدن
lūgt
دعا کردن
skūpstīt
بوسیدن

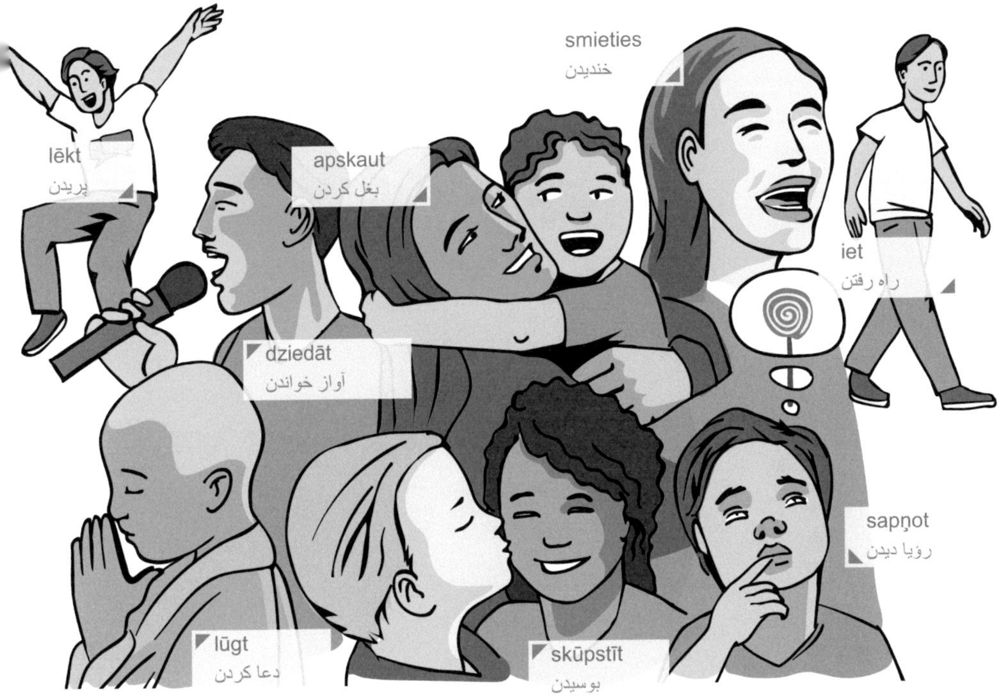

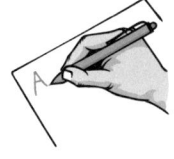

rakstīt

نوشتن

zīmēt

رسم کردن

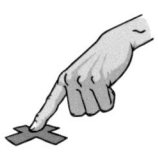

rādīt

نشان دادن

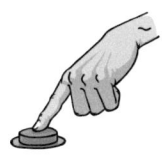

spiest

هل دادن

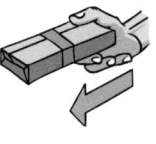

dot

دادن

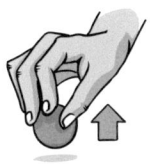

ņemt

برداشتن

būt

داشتن

darīt

انجام دادن

būt

بودن

stāvēt

ایستادن

skriet

دویدن

vilkt

کشیدن

mest

پرتاب کردن

krist

افتادن

gulēt

دراز کشیدن

gaidīt

منتظر بودن

nest

حمل کردن

sēdēt

نشستن

uzģērbt

لباس پوشیدن

gulēt

خوابیدن

pamosties

بیدار شدن

skatīties

تماشا کردن

raudāt

گریه کردن

glāstīt

نوازش کردن

ķemmēt

شانه کردن

runāt

حرف زدن

saprast

فهمیدن

jautāt

پرسیدن

dzirdēt

شنیدن

dzert

آشامیدن

ēst

خوردن

sakārtot

مرتب کردن

mīlēt

عاشق بودن

vārīt

پخَتن

braukt

رانندگی کردن

lidot

پرواز کردن

burot

قایقرانی کردن

rēķināt

محاسبه کردن

lasīt

خواندن

mācīties

یاد گرفتن

strādāt

کار کردن

precēties

ازدواج کردن

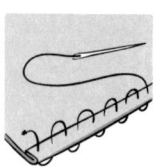

šūt

دوختن

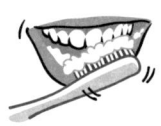

tīrīt zobus

مسواک زدن

nogalināt

کشتن

smēķēt

سیگار کشیدن

sūtīt

فرستادن

ģimene
خانواده

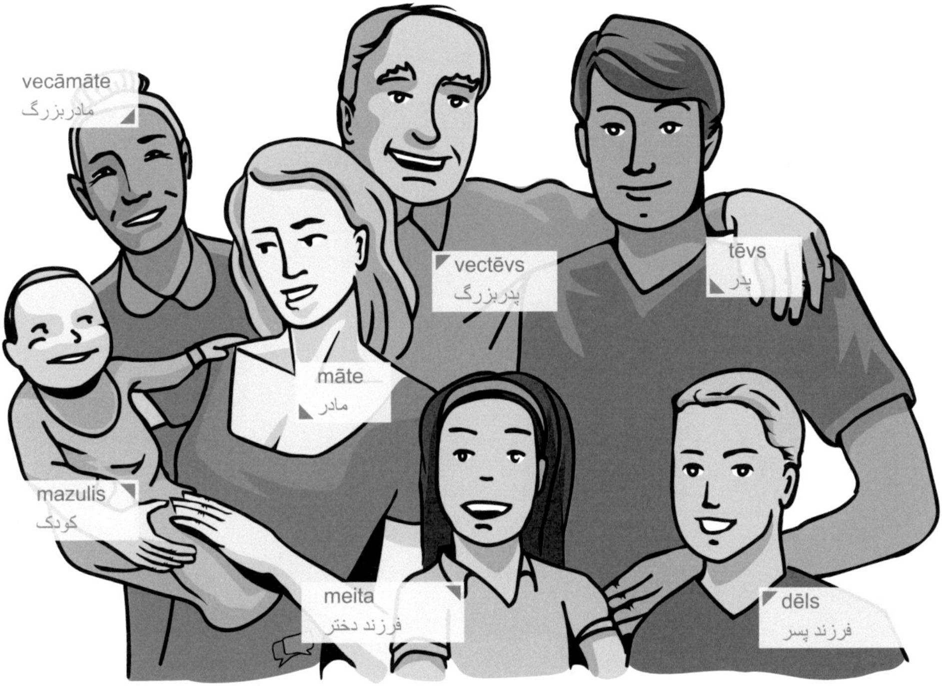
vecāmāte
مادربزرگ
vectēvs
پدربزرگ
tēvs
پدر
māte
مادر
mazulis
کودک
meita
فرزند دختر
dēls
فرزند پسر

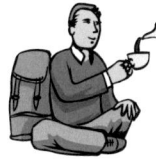

viesis

مهمان

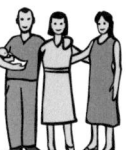

tante

خاله، عمه

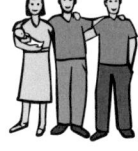

onkulis

دایی، عمو

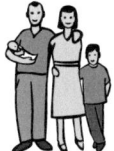

brālis

برادر

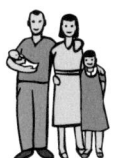

māsa

خواهر

ķermenis

بدن

piere
پیشانی
acs
چشم
plecs
شانه
pirksts
انگشت دست
seja
صورت
zods
چانه
roka
دست
krūtis
سینه
kāja
ساق پا
roka
بازو

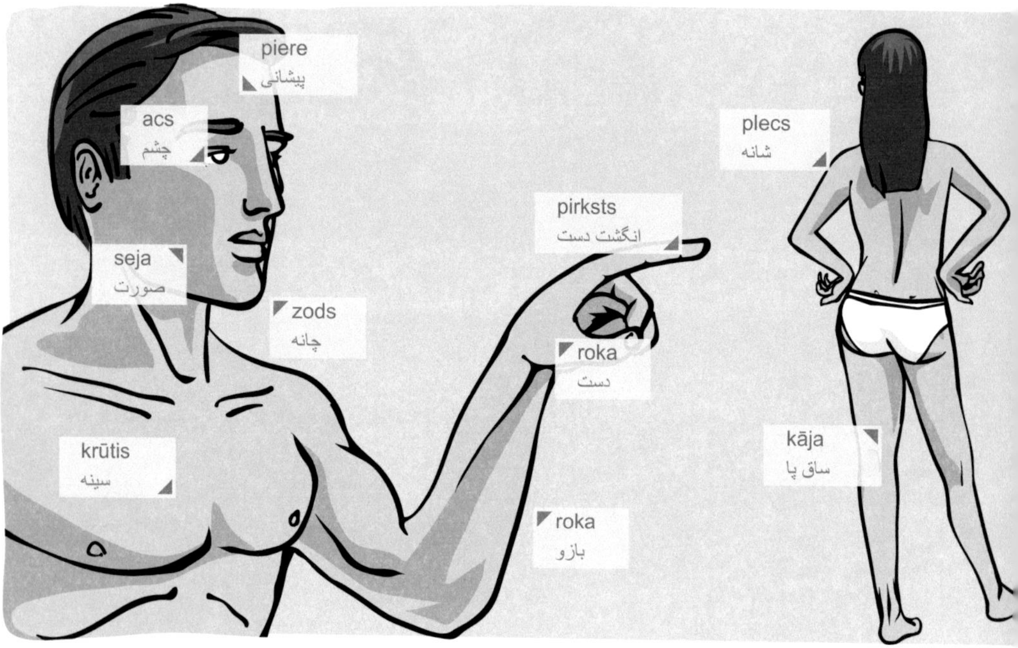

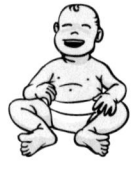

mazulis

کودک

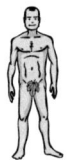

vīrietis

مرد

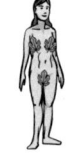

sieviete

زن

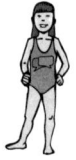

meitene

دختربچه

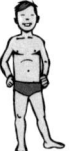

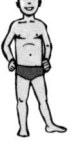

zēns

پسربچه

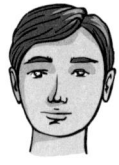

galva

کله

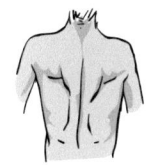

mugura

کمر

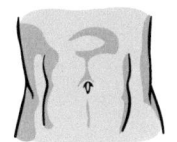

vēders

شکم

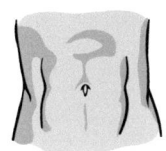

naba

ناف

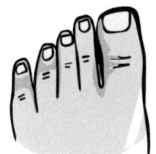

kājas pirksts

انگشت پا

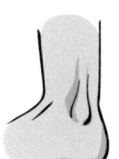

papēdis

پاشنه

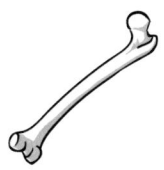

kauls

استخوان

gurns

لگن

celis

زانو

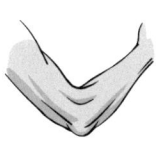

elkonis

أرنج

deguns

بینی

dibens

نشیمنگاه

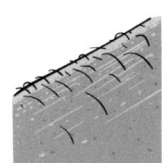

āda

پوست

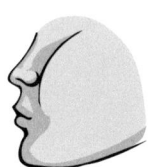

vaigs

گونه

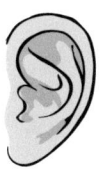

auss

گوش

lūpa

لب

mute

دهان

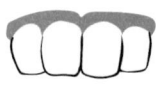

zobs

دندان

mēle

زبان

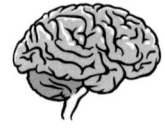

smadzenes

مغز

sirds

قلب

muskulis

عضله

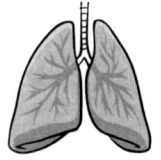

plaušas

ریه

aknas

کبد

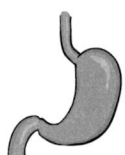

kuņģis

معده

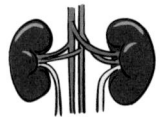

nieres

کلیه

dzimumakts

آمیزش جنسی

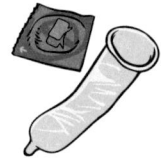

kondoms

کاندوم

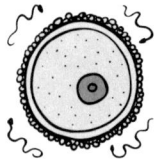

olšūna

تخمک

sperma

اسپرم

grūtniecība

حاملگی

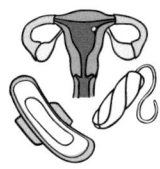

menstruācijas

پریود

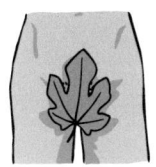

vagīna

واژن

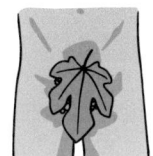

penis

ألت تناسلی مرد

uzacs

ابرو

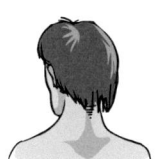

mati

مو

kakls

گردن

slimnīca

بیمارستان

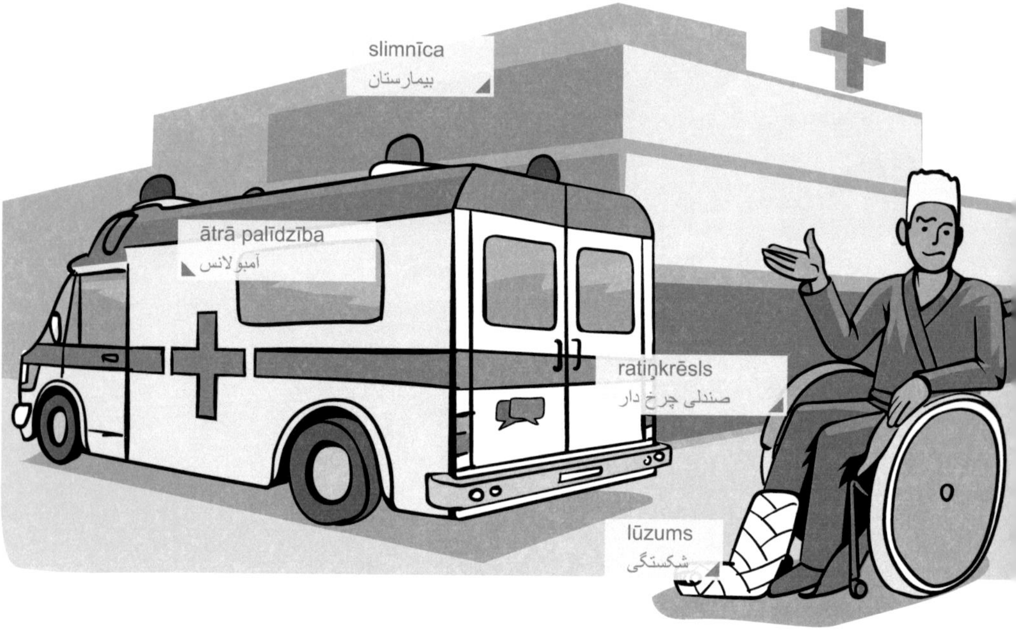

slimnīca
بیمارستان
ātrā palīdzība
آمبولانس
ratiņkrēsls
صندلی چرخ دار
lūzums
شکستگی

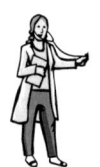

ārsts

دکتر

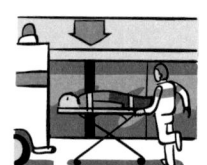

neatliekamās palīdzības nodaļa

بخش اورژانس

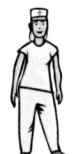

medmāsa

پرستار

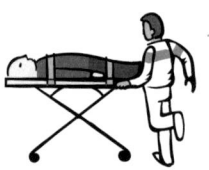

ārkārtas gadījums

موقعیت اضطراری

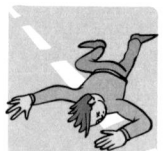

paģībis

بی هوش

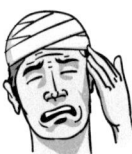

sāpes

درد

ievainojums

مصدومیت

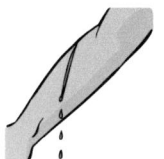

asiņošana

خونریزی

sirdslēkme

سکته قلبی

insults

سکته مغزی

alerģija

الرژی

klepus

سرفه

temperatūra

تب

gripa

آنفولانزا

caureja

اسهال

galvassāpes

سردرد

vēzis

سرطان

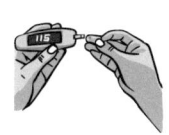

diabēts

دیابت

ķirurgs

جراح

skalpelis

چاقوی جراحی

operācija

عمل جراحی

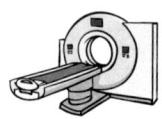

datortomogrāfija

سی تی اسکن

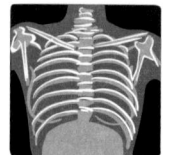

rentgents

پرتونگاری

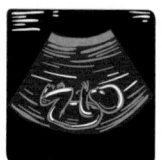

ultraskaņa

سونوگرافی

sejas maska

ماسک صورت

slimība

بیماری

uzgaidāmā telpa

اتاق انتظار

kruķis

چوب زیر بغل

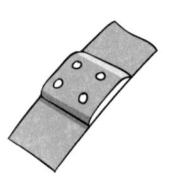

plāksteris

چسب زخم

apsējs

پانسمان

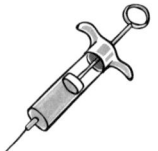

injekcija

تَزریق

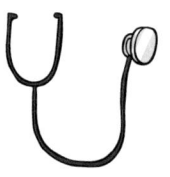

stetoskops

گوشی طبی

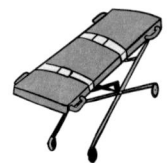

nestuves

برانکار

termometrs

دماسنج

dzemdības

زایش

liekais svars

اضافه وزن

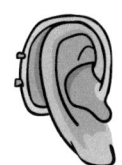

dzirdes aparāts

سمعک

dezinfekcijas līdzeklis

ماده ضد غفونی کننده

infekcija

عفونت

vīruss

ویروس

HIV / AIDS

اچ أی وی / ایدز

zāles

دارو

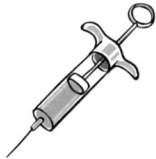

pote

واکسیناسیون

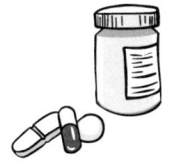

tabletes

قرص

pretapaugļošanās tablete

قرص ضد حاملگی

ārkārtas izsaukums

تماس اظطراری

asinsspiediena mērītājs

دستگاه اندازه گیری فشارخون

slims / vesels

مریض / سالم

Palīgā!

کمک!

trauksme

آژیر خطر

uzbrukums

حمله

uzbrukums

حمله ی فیزیکی

bīstamība

خطر

avārijas izeja

خروج اضطراری

Uguns!

آتش

ugunsdzēšamais aparāts

کپسول آتش نشانی

negadījums

تصادف

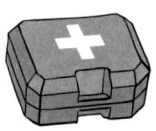

pirmās palīdzības aptieciņa

جعبه کمک های اولیه

SOS

درخواست کمک

policija

پلیس

Eiropa

اروپا

Ziemeļamerika

آمریکای شمالی

Dienvidamerika

آمریکای جنوبی

Āfrika

آفریقا

Āzija

آسیا

Austrālija

استرالیا

Atlantijas okeāns

اقیا نوس اطلس

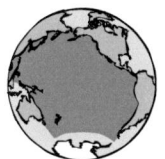

Klusais okeāns

اقیانوس آرام

Indijas okeāns

اقیانوس هند

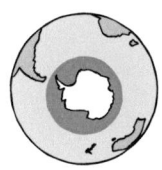

Dienvidu okeāns

اقیا نوس اطلس جنوبی

Ziemeļu ledus okeāns

اقیانوس منجمد شمالی

Ziemeļpols

قطب شمال

Dienvidpols

قطب جنوب

Antarktika

قاره قطب جنوب

zeme

کره زمین

zeme

سرزمین

jūra

دریا

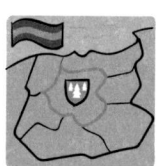

sala

جزیره

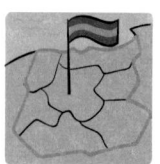

nācija

ملت

valsts

کشور

ciparnīca

صفحه ی ساعت

stundu rādītājs

ساعت شمار

minūšu rādītājs

دقیقه شمار

sekunžu rādītājs

ثانیه شمار

Cik ir pulkstenis?

ساعت چند است؟

diena

روز

laiks

زمان

tagad

اکنون

digitālais pulkstenis

ساعت دیجیتال

minūte

دقیقه

stunda

ساعت

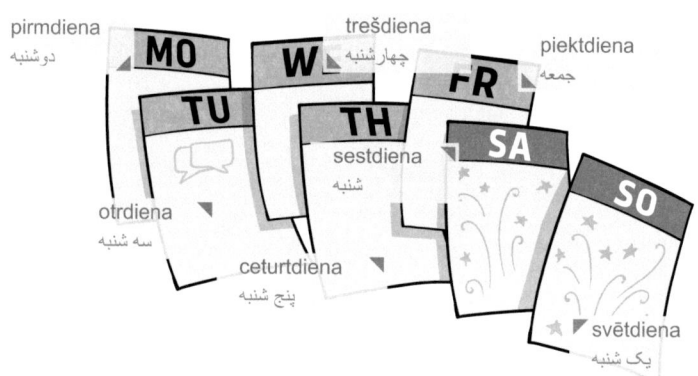

pirmdiena
دوشنبه

trešdiena
چهارشنبه

piektdiena
جمعه

otrdiena
سه شنبه

sestdiena
شنبه

ceturtdiena
پنج شنبه

svētdiena
یک شنبه

vakardien

دیروز

šodien

امروز

rītdien

فردا

rīts

صبح

pusdienlaiks

ظهر

vakars

غروب

MO	TU	WE	TH	FR	SA	SU
1	2	3	4	5	6	7
8	9	10	11	12	13	14
15	16	17	18	19	20	21
22	23	24	25	26	27	28
29	30	31	1	2	3	4

darbadienas

روزهای کاری

MO	TU	WE	TH	FR	SA	SU
1	2	3	4	5	6	7
8	9	10	11	12	13	14
15	16	17	18	19	20	21
22	23	24	25	26	27	28
29	30	31	1	2	3	4

brīvdienas

آخر هفته

varavīksne
رنگین کمان

lietus
باران

sniegs
برف

vējš
باد

pavasaris
بهار

rudens
پاییز

vasara
تابستان

ziema
زمستان

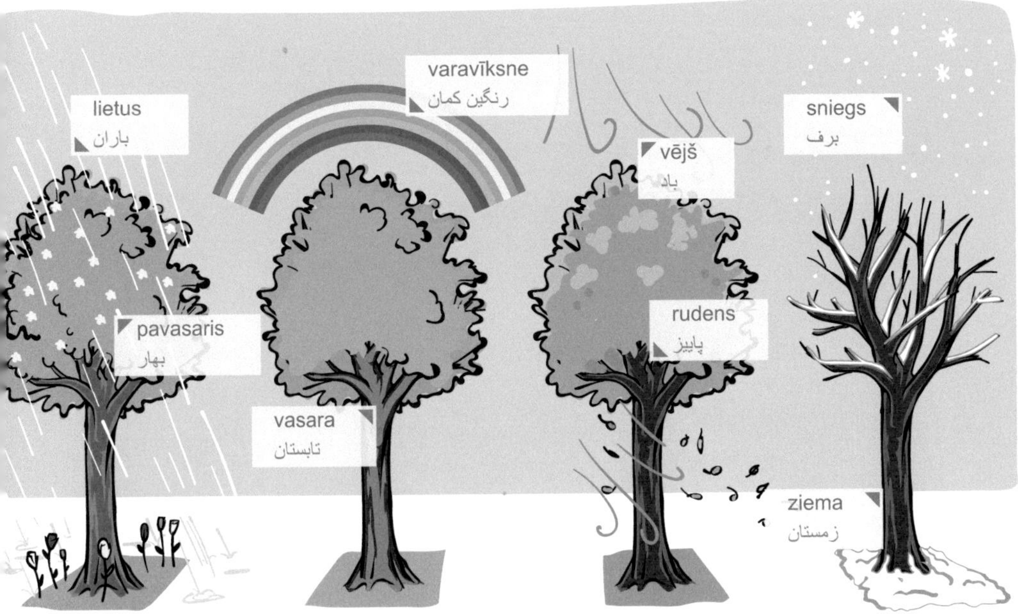

laika prognoze

پیش‌بینی اوضاع جوی

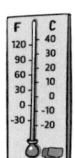

termometrs

دماسنج

saules gaisma

تابش آفتاب

mākonis

ابر

migla

مه

gaisa mitrums

رطوبت هوا

zibens

صاعقه

pērkons

أسمان غره

vētra

طوفان

krusa

تگرگ

musons

باد موسمی

plūdi

سیل

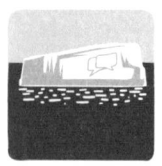

ledus

یخ

janvāris

ژانویه

februāris

فوریه

marts

مارس

aprīlis

اوریل

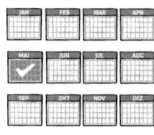

maijs

مه

jūnijs

ژوئن

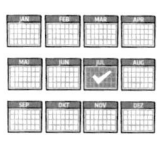

jūlijs

ژوئیه

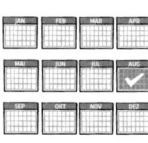

augusts

آگوست

septembris

سپتامبر

oktobris

اکتبر

novembris

نوامبر

decembris

دسامبر

formas

أشكال

aplis

دایره

kvadrāts

مربع

četrstūris

مستطیل

trīsstūris

سه گوش

lode

گره

kubs

مکعب مربع

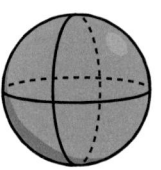
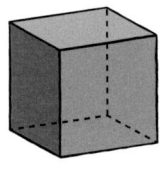

balts

سفید

dzeltens

زرد

oranžs

نارنجی

sārts

صورتی

sarkans

قرمز

lillā

بنفش

zils

آبی

zaļš

سبز

brūns

قهوه ای

pelēks

خاکستری

melns

سیاه

daudz / maz

خیلی / کم

saniknots / miermīlīgs

خشمگین/ ارام

skaists / neglīts

زیبا / زشت

sākums / beigas

شروع / پایان

liels / mazs

بزرگ / کوچک

gaišs / tumšs

روشن / تیره

brālis / māsa

برادر / خواهر

tīrs / netīrs

تمیز / آلوده

pilnīgs / nepilnīgs

کامل / ناقص

diena / nakts

روز / شب

miris / dzīvs

مرده / زنده

plats / šaurs

پهن / باریک

baudāms / nebaudāms

قابل خوردن / غیر قابل خوردن

nikns / laipns

غضبناک / مهربان

satraukts / garlaikots

هیجان زده / بی حوصله

resns / tievs

چاق / لاغر

pirmais /pēdējais

اولین / آخرین

draugs / ienaidnieks

دوست / دشمن

pilns / tukšs

پر / خالی

ciets / mīksts

سفت / نرم

smags / viegls

سنگین / سبک

izsalkums / slāpes

گرسنگی / تشنگی

slims / vesels

مریض / سالم

nelegāls / legāls

غیرقانونی / قانونی

inteliģents / dumjš

باهوش / خنگ

kreisais / labais

چپ / راست

tuvu / tālu

نزدیک / دور

jauns / lietots

نو / استفاده شده

nekas / kaut kas

هیچ چیز / چیزی

vecs / jauns

پیر / جوان

ieslēgts / izslēgts

روشن / خاموش

atvērts / slēgts

باز / بسته

kluss / skaļš

أهسته / بلند

bagāts / nabags

ثروتمند / فقیر

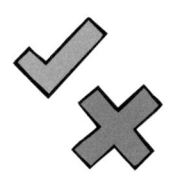

pareizi / nepareizi

درست / غلط

raupjš / gluds

زبر / صاف

noskumis / laimīgs

غمگین / خوشحال

īss / garš

کوتاه / بلند

lēns / ātrs

کند / تند

slapjš / sauss

تر / خشک

silts / vēss

گرم / خنک

karš / miers

جنگ / صلح

0

nulle

صفر

1

viens

یک

2

divi

دو

3

trīs

سه

4

četri

چهار

5

pieci

پنج

6

seši

شش

7

septiņi

هفت

8

astoņi

هشت

9

deviņi

نه

10

desmit

ده

11

vienpadsmit

یازده

12
divpadsmit

دوازده

13
trīspadsmit

سیزده

14
četrpadsmit

چهارده

15
piecpadsmit

پانزده

16
sešpadsmit

شانزده

17
septiņpadsmit

هفده

18
astoņpadsmit

هجده

19
deviņpadsmit

نوزده

20
divdesmit

بیست

100
simts

صد

1.000
tūkstotis

هزار

1.000.000
miljons

میلیون

anglu

انگلیسی

amerikāņu anglu

انگلیسی آمریکایی

ķīniešu mandarīnu valoda

چینی ماندارین

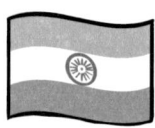

hindi

هندی

spāņu

اسپانیایی

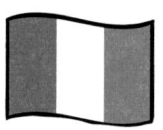

franču

فرانسوی

arābu

عربی

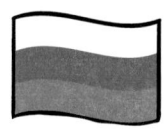

krievu

روسی

portugāļu

پرتغالی

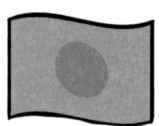

bengāļu

بنگالی

vācu

آلمانی

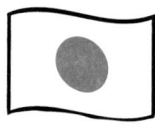

japāņu

ژاپنی

es

من

tu

تو

viņš / viņa

او

mēs

ما

jūs

شما

viņi / viņas

انها

kas?

چه کسی؟ کی؟

ko?

چی؟

kā?

چگونه؟

kur?

کجا؟

kad?

کی؟

HELLO, I AM

vārds

نام

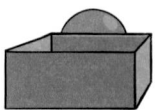

aiz

پشت

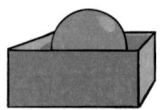

iekšā

توی

priekšā

جلو

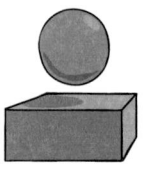

virs

بالای

uz

روی

zem

زیر

blakus

مجاور

starp

بین

vieta

مکان